평범한 우리 어린이들을 다음 세대
위인으로 만들어 줄 교과서 위인 이야기!
효리원의 교과서 위인 이야기는 초등학교
교과 과정에 나오는 국내외 위인들을, 우리나라
최고 아동 문학가 53인이 재미있게 동화로 구성했습니다.
지혜와 용기로 위대한 삶을 산 위인들의 이야기는,
어린이들의 마음속에 '나도 할 수 있다.'는
희망의 씨앗을 심어 줄 것입니다!

일러두기

1. 띄어쓰기와 맞춤법 : 초등학교 국어 교과서와 국립국어원의 『표준국어대사전』을 기준으로 하였습니다.
2. 외래어 지명과 인명 : 국립국어원의 『외래어 표기 용례집』을 기준으로 하였습니다.
3. 이해가 어려운 단어 : ( ) 안에 뜻풀이를 하였습니다.
4. 작가 연보 : 연도와 함께 나이를 표기하고, 업적을 간략히 소개하였습니다. 우리나라 위인은 태어난 해를 한 살로 하였고, 외국 위인은 만 나이로 태어난 다음 해를 한 살로 하였습니다. 정확한 자료가 없는 위인은 연도와 업적만 적었습니다.
5. 내용 구성 : 위인의 삶은 역사적 자료를 바탕으로 최대한 사실적으로 구성하였습니다. 그러나 읽는 재미를 위해 대화 글이나 배경 묘사, 인물의 감정 표현 등에 작가의 상상력을 더했습니다.
6. 그림 구성 : 문헌을 바탕으로 위인이 살던 시대를 충실히 나타내도록 하되 복식의 색상이나 장식, 소품, 건물 등은 작가의 상상으로 그렸습니다.
7. 내용 감수 : 각 분야의 전문가들로 구성된 편집 위원들이 꼼꼼히 감수를 하였습니다.

편집 위원

흑인의 정당한 권리를 위해
애쓴 비폭력 운동가
마틴 루서 킹

이창건 글 / 윤만기 그림

효리원
hyoreewon.com

이 책을 읽는 학부모님과 선생님께

모든 사람은 평등하게 태어났습니다. 그러나 모든 사람이 평등하게 살아가고 있지는 않습니다. 흑인과 백인이 그러하고, 부자와 가난한 사람이 그러하고, 여자와 남자가 그러합니다. 그 밖에도 우리 주위에는 많은 불평등이 존재하고 있습니다. 사회가 복잡해질수록 불평등의 구조 또한 복잡해지고 있습니다.

법의 잣대로만 판단하기에는 어려운 점이 많이 있습니다. '오컴의 면도날'이라는 말이 있습니다. 단순하고 명료할수록 진리에 가깝다는 말인데, 평등과 불평등을 가름하는 잣대로 양심을 지키고 양심에 귀를 기울이며 사는 것은 어떨는지요. 양심을 지키며 산다는 것은 어려운 일입니다. 누군가를 곤경에 처하게 할 때 우리의 양심이 내는 절규를 들어 봅시다.

우리나라 서울에는 사대문이 있습니다. 인의예지라는 유교 사상을 담은 4개의 문입니다. 나라의 기틀을 세우고 그 문을 만들 때

남을 가엾이 여기는 마음(흥인지문), 정의로우며(돈의문), 예절이 바로 서고(숭례문), 지혜가 있는 민족(숙정문)이 되길 희망했습니다.

무엇을 할 때 항상 강조하는 말이 있습니다. '초심을 잃지 마라.'는 말입니다. 처음의 그 믿음 그대로 양심을 지키며 살아간다면 그 어떤 법의 잣대도 필요 없는 누구나가 원하는 평등한 세상을 만들 수 있을 것입니다.

우리 어린이들이 이러한 점을 깨달을 수 있도록 지도해 주시면 좋겠습니다.

머리말

'내가 너희에게 이르노니 악한 자에게 대적하지 말라. 누구든지 네 오른편 뺨을 치거든 왼편도 돌려대며 또 너를 고발하여 속옷을 가지고자 하는 자에게 겉옷까지도 가지게 하며…….'

– 마태복음 5장 39～40절

마틴 루서 킹은 흑인의 정당한 권리를 찾기 위해 많은 운동을 하였습니다. 그는 비폭력만이 정의를 이룰 수 있다고 생각했습니다. 정당한 권리라는 이름으로 폭력을 사용했다면 지금의 마틴 루서 킹은 없었을 것입니다.

정의는 반드시 이겨야 하고 바로 서야 합니다. 그러기 위해서는 우리의 마음속에 바른 정의의 나무를 심고 가꾸어야 합니다.

미국에는 마틴 루서 킹의 업적을 기리기 위한 마틴 루서 킹 데이가 있습니다. 이것은 미국의 초대 대통령인 조지 워싱턴에 이어 두 번째로 개인의 생일이 공휴일로 지정된 것입니다.

글쓴이 이창건

차례

나에게는 꿈이 있습니다

1963년 8월 28일 워싱턴.

링컨 동상 앞에 20여 만 명이나 되는 사람들이 모였습니다. 흑인은 물론 백인들까지 섞여 있었습니다.

킹 목사는 연단에 올라섰습니다. 가슴이 벅차올랐습니다. 20여 만 명의 눈이 킹 목사를 바라보고 있었습니다. 킹 목사는 준비한 원고를 꺼냈습니다.

나에게는 꿈이 있습니다.

이 나라의 모든 사람이 평등하게 태어났다는 것을 알게 되는 꿈입니다.

나에게는 꿈이 있습니다.

조지아 붉은 언덕에서 옛 노예의 후손과 그 주인의 후손이 함께 식탁에 둘러앉아 웃는 꿈입니다.

나에게는 꿈이 있습니다.

정의가 고통받는 저 미시시피 주에 자유와 평등의 오아시스가 자라는 꿈입니다. 나의 네 자녀가 피부색이 아닌 사람됨에 따라 평가받는 그런 날이 오는 꿈입니다.

나에게는 꿈이 있습니다.

앨라배마 주의 흑인 소년 소녀들이 백인 소년 소녀들과 함께 손을 잡고 형제자매처럼 걸어가는 꿈입니다.

오늘, 나에게는 꿈이 있습니다.

신의 모든 자손들, 흑인과 백인, 유대 인과 이교도, 개신교도와 가톨릭교도가 손에 손을 잡고 함께 옛 흑인 영가를 부르는 꿈입니다.

정작 킹 목사가 한 연설은 그가 밤새 준비한 원고가 아닌 즉석 연설이었습니다. 하지만 이 연설문은 훗날 미국

역사상 가장 유명한 연설문으로 남았습니다.

"나의 조국, 자유의 땅. 나의 부모가 살다 죽은 땅. 개척자들의 자부심이 있는 땅. 모든 산에 자유가 노래하게 하라. 그리하여 드디어 자유, 자유! 전지전능하신 하느님, 마침내 우리가 자유로워졌나이다!"

킹 목사의 외침과 함께 행진에 참여한 모든 사람들은 서로 어깨에 어깨를 두르고 노래를 부르기 시작하였습니다.

텔레비전 방송을 보던 사람들은 커다란 충격을 받았습니다.

흑인들은 무식하고 이상한 행동을 한다고 여겼던 백인들도 흑인 차별 반대에 나섰습니다. 킹 목사의 연설은 백인들이 흑인들에게 갖고 있던 편견을 지워 버렸습니다.

워싱턴 행진이 끝나자 케네디 대통령은 흑인들에게도 시민의 정당한 권리를 보장하는 법을 적극적으로 추진하겠다고 약속하였습니다.

흑인이라는 이유로

제1차 세계 대전이 끝나고 미국은 빠르게 발전하였습니다. 그러나 너무 많은 물건들이 생산되고, 팔리지 않게 되자 기업들은 망하고 노동자들은 일터를 잃었습니다. 바로 대공황(세계적으로 일어나는 큰 규모의 경제 공황. 흔히 1929년에 있었던 세계적인 공황을 이름)이 시작된 것입니다.

1929년 1월 15일, 미국의 대공황 시기에 마틴 루서 킹 주니어가 태어났습니다.

마틴은 조지아 주 애틀랜타의 중심부인 5번가에 살았습

니다.

마틴은 빵을 사기 위해 빵집 앞에 줄을 선 사람들을 보았습니다. 그중에는 친구인 존의 아버지도 있었습니다. 잠시 후 빵집 주인이 빵이 다 팔렸다며 사람들을 돌려보냈습니다.

"엄마, 존의 아버지가 빵을 사지 못했나 봐요. 내 빵을 존에게 줘도 돼요?"

"마틴, 네가 그렇게 하고 싶다면 그렇게 하렴."

엄마의 허락을 받은 마틴은 자기 몫의 빵을 들고 존의 집으로 달려갔습니다.

그날 마틴은 생각했습니다.

'왜 어떤 사람은 부자이고 어떤 사람은 가난한 걸까? 부자들이 조금씩 나누어 주면 모두 다 굶지 않을 수 있을 텐데…….'

마틴은 여섯 살에 초등학교에 입학하였습니다.

어느 날, 같이 놀던 백인 친구가 보이지 않았습니다. 학교가 끝나자마자 마틴은 친구의 집으로 달려갔습니다.

"너, 왜 오늘 학교에 오지 않았……."

친구는 마틴이 말을 마치기도 전에 집 안으로 들어가 버렸습니다. 그리고 친구의 어머니가 나와 말했습니다.

"앞으로는 오지 마라. 너는 흑인이고, 우린 백인이야. 알아들었으면 얼른 가라."

집으로 돌아 온 마틴은 어머니 품에 안겨 엉엉 울었습니다.

마틴의 아버지는 애버니저 교회 목사였습니다. 그 교회는

외할아버지인 윌리엄스 목사가 세운 교회였습니다.

마틴은 일요일이면 교회로 달려가 찬송가를 불렀습니다. 아버지는 훗날 마틴이 애버니저 교회를 이끄는 목사가 되기를 바랐습니다.

하루는 마틴과 아버지가 신발을 사기 위해 시내 가게에 갔습니다. 마틴과 아버지는 가게 안 의자 중에서 앞자리에 앉았습니다. 그러자 가게 점원이 다가와 말했습니다.

"뒷자리로 옮겨 주시오."

"나는 이 자리가 좋습니다."

"옮겨 주어야 합니다."

"여기에 앉을 수 없다면 난 신발을 사지 않겠소."

화가 난 아버지는 가게를 나왔습니다. 마틴은 아버지가 왜 화를 내는지 이유를 몰랐습니다. 하지만 곧 그 이유를 알게 되었습니다. 앞자리는 백인들의 자리이고, 흑인들의 자리는 뒷자리였던 것입니다.

당시 애틀랜타는 흑백 분리 제도(흑인과 백인을 구분 짓는 제

「나에게는 꿈이 있습니다」 연설을 하는 마틴 루서 킹 | 1963년 8월 28일, 워싱턴에 있는 링컨 기념관 대리석 계단에서 흑인 인권 신장을 위해 「나에게는 꿈이 있습니다」라는 명연설을 하는 마틴 루서 킹의 모습입니다.

도)가 엄격하게 지켜지고 있었습니다. 흑인 아이는 공원에 갈 수 없고, 흑인에게는 햄버거나 커피도 팔지 않았습니다. 흑인들이 이용하는 극장에서는 개봉한 지 이삼 년이 지난 영화들만 보여 주었습니다.

신발을 사지 못한 마틴은 며칠 뒤 다시 어머니와 함께 신발 가게에 갔습니다. 그런데 가게 안에서 어떤 백인 부인이 갑자기 마틴의 뺨을 때렸습니다.

"검둥이 녀석이 내 발을 밟다니!"

마틴은 놀라 서 있었습니다. 곧 어머니가 왔지만 이미 그 부인은 가버린 후였습니다.

열네 살 때 마틴은 더블린 웅변 대회에 나갔습니다. 그리고 「흑인과 헌법」이라는 주제로 연설을 하였습니다. 마틴은 그 대회에서 우수상을 받았습니다.

대회를 마치고 집으로 돌아오는 길에 마틴은 버스를 탔습니다. 다행히 자리가 있어 앉았습니다. 그런데 운전사가 소리쳤습니다.

"거기 너, 일어나!"

알고 보니 함께 버스에 탄 백인이 앉을 자리가 없기 때문이었습니다. 마틴은 화가 났지만 일어서야 했습니다.

간디의 사상을 만나다

아침 식사 시간이었습니다. 아버지는 식사 전에 늘 기도를 하였습니다.

“하느님, 죄를 짓고 있는 백인들을 용서하여 주십시오. 우리가 미움에 물들지 않고 그들을 사랑할 수 있게 해 주십시오. 오늘도 이렇게 맛있는 음식을 주셔서 감사합니다. 아멘.”

기도가 끝났는데도 마틴은 음식을 먹지 않았습니다.

“마틴, 왜 먹지 않니?”

어머니가 걱정스런 목소리로 물었습니다.

"아버지, 백인들은 우리를 짓밟아요. 그들은 우리의 적이에요. 그런데 어떻게 사랑할 수 있겠어요. 저는 그들과 싸우겠어요."

마틴은 몹시 화가 나 있었습니다. 눈에는 눈물까지 그렁그렁 맺혀 있었습니다.

아버지는 그런 마틴에게 말했습니다.

"싸워라. 하지만 사랑으로 싸워라. 하느님의 사랑 안에서 말이다."

어떻게 사랑으로 싸울 수 있을까요? 그게 정말 가능한 일일까요? 아버지의 말은 이해하기 어려웠습니다.

1944년 9월 20일 마틴은 열다섯 살에 모어하우스 대학에 입학했습니다. 대학에 들어 온 마틴은 인종 차별과 경제적인 불평등에 대하여 친구들과 토론하였습니다.

그중 헨리 데이비드 소로의 사상은 무척 인상 깊었습니다. 소로는 멕시코 노예 지구 확장을 위한 세금을 내느니 차라리 감옥을 선택하겠다고 했습니다.

소로의 비폭력 저항 주의에 감명을 받은 마틴은 지난날 아버지가 한 기도 내용이 조금씩 마음에 와 닿았습니다.

마틴은 인종 평등을 위해 노력하는 단체인 '대학 간 협의회'에 들어갔습니다. 대학 간 협의회에서 백인들과 얘기를 나누는 동안 마틴은 모든 백인들이 다 나쁜 건 아니라는 사실을 알게 되었습니다.

마틴은 학비를 벌기 위해 방학 때는 아르바이트를 하였습니다. 코네티컷 주 심즈베리에 있는 담배 농장에서도 일을 하였습니다. 그곳은 흑인과 백인의 차별이 없었습니다. 마틴은 애틀랜타에서도 이렇게 흑인과 백인이 평등하게 지낸다면 얼마나 좋을까 생각했습니다.

개학을 앞둔 마틴은 워싱턴으로 가는 기차를 탔습니다. 워싱턴으로 가는 기차는 누구나 원하는 자리에 앉을 수 있었습니다. 하지만 애틀랜타로 가는 기차로 갈아타자 흑인 전용 칸으로 옮겨야 했습니다.

1948년 9월, 마틴은 펜실베이니아 주 체스터에 있는 크로저 신학교에 들어갔습니다. 마틴은 스스로 자신이 흑인 대표라고 생각했습니다. 그래서 옷차림이나 행동에 무척 신경을 썼습니다. 마틴은 명문 크로저 신학교에서 가장 뛰어난 학생이 되었습니다.

마틴은 플라톤, 아리스토텔레스, 루소, 홉스, 벤담, 밀, 로크 등 유명한 사상가들의 이론을 연구했습니다. 또 마르크스의 「자본론」과 「공산당 선언」 같은 책도 읽었습니다.

그중 마하트마 간디와의 만남은 마틴에게 깊은 감명을 주었습니다. 간디 사상의 핵심은 사랑의 힘(사티아 그라하 : 간디의 주요 사상인 비폭력 무저항 운동을 일컬음. 사랑의 힘으로 해석됨)이었습니다.

영국은 인도에서 소금을 생산하는 것과 판매하는 것을 금지시켰습니다. 그리고 소금법을 만들어 인도인들에게 많은 세금을 내도록 하였습니다.

간디는 소금에 대한 영국의 불공평한 제도에 항거하여 바닷가로 향하는 '소금 행진 운동'을 하였습니다. 이것은 비폭력

무저항 운동으로 오랫동안 마틴의 마음속에 남았습니다.

마틴은 간디의 사상에서 다시 한 번 아버지의 말씀을 떠올렸습니다.

'싸워라. 하지만 사랑으로 싸워라. 하느님의 사랑 안에서!'

목사가 되다

1951년 6월 마틴은 크로저 신학교를 졸업했습니다. 졸업생 대표로 뽑힌 마틴은 1,200달러의 장학금을 받았습니다. 그해 9월에는 보스턴 대학 대학원에 진학했습니다.

보스턴에서의 생활은 시작부터 순조롭지 않았습니다. 방을 구하기 위해 '세놓습니다!'라는 푯말을 보고 집을 찾아가면 집주인들은 한결같이 이렇게 말했습니다.

"방은 벌써 나갔습니다."

마틴이 흑인이라는 이유로 방을 주지 않았던 것입니다.

보스턴 대학을 졸업할 무렵 마틴은 코레타 스콧이라는 아름다운 여성을 만나 결혼을 하였습니다.

그 무렵 교회와 대학 등 여러 곳에서 일해 달라는 요청이 왔습니다. 그중에서 덱스터에 있는 애브뉴 침례교회에서 먼저 연락이 왔습니다.

"지금 우리 교회에 목사님이 계시지 않습니다. 이곳에 오셔서 설교를 한번 해 주시면 감사하겠습니다."

마틴은 코레타와 의논했습니다. 코레타는 인종 차별이 심한 남부보다는 북부로 가기를 원했습니다. 미국 북부는 남부 지역에 비해 훨씬 인종 차별이 적었습니다. 아예 없는 것은 아니지만 겉으로 드러내 놓고 차별을 하지는 않았습니다.

"코레타, 애브뉴 침례교회는 남부에 있는데 어쩌지요?"

"하느님의 뜻이라면 가야지요."

애브뉴 침례교회는 마틴의 아버지를 통해서 소식을 듣고 연락을 해 온 거였습니다. 마틴은 곧 답장을 보냈습니다.

"크리스마스 휴가 때 애틀랜타에 갈 예정인데 1월 중 몽고메리에 가서 설교를 할 수 있으면 좋겠습니다."

1954년 1월 토요일, 마틴과 코레타는 애브뉴 침례교회로 가기 위해 애틀랜타를 떠났습니다. 마틴은 4년 동안 아버지의 교회에서 부목사로 설교를 했는데도 목사 후보로 설교를 한다고 생각하니 가슴이 두근거렸습니다. 수많은 생각이 마음속에서 솟아났습니다.

마틴은 하느님을 앞으로 나서시게 하기로 마음먹었습니다. 주님의 말씀에 따르기로 마음먹었습니다.

마틴이 애브뉴 침례교회에 도착해 보니 엄청난 신도들이 와 있었습니다. 마틴은「완벽한 인생을 만드는 세 측면」이라는 제목으로 설교를 시작했습니다.

"……인생은 거대한 삼각형과 같습니다. 한쪽 각에는 내가 서 있고, 다른 한쪽 각에는 다른 사람이 서 있습니다. 맨 위쪽에 위치한 각에는 신이 서 계십니다. 이렇게 세 축이 잘 연결되고 조화로워야만 완벽한 인생입니다……."

예배를 마치자 마틴에게 교회 목회자 위원회의 한 사람이

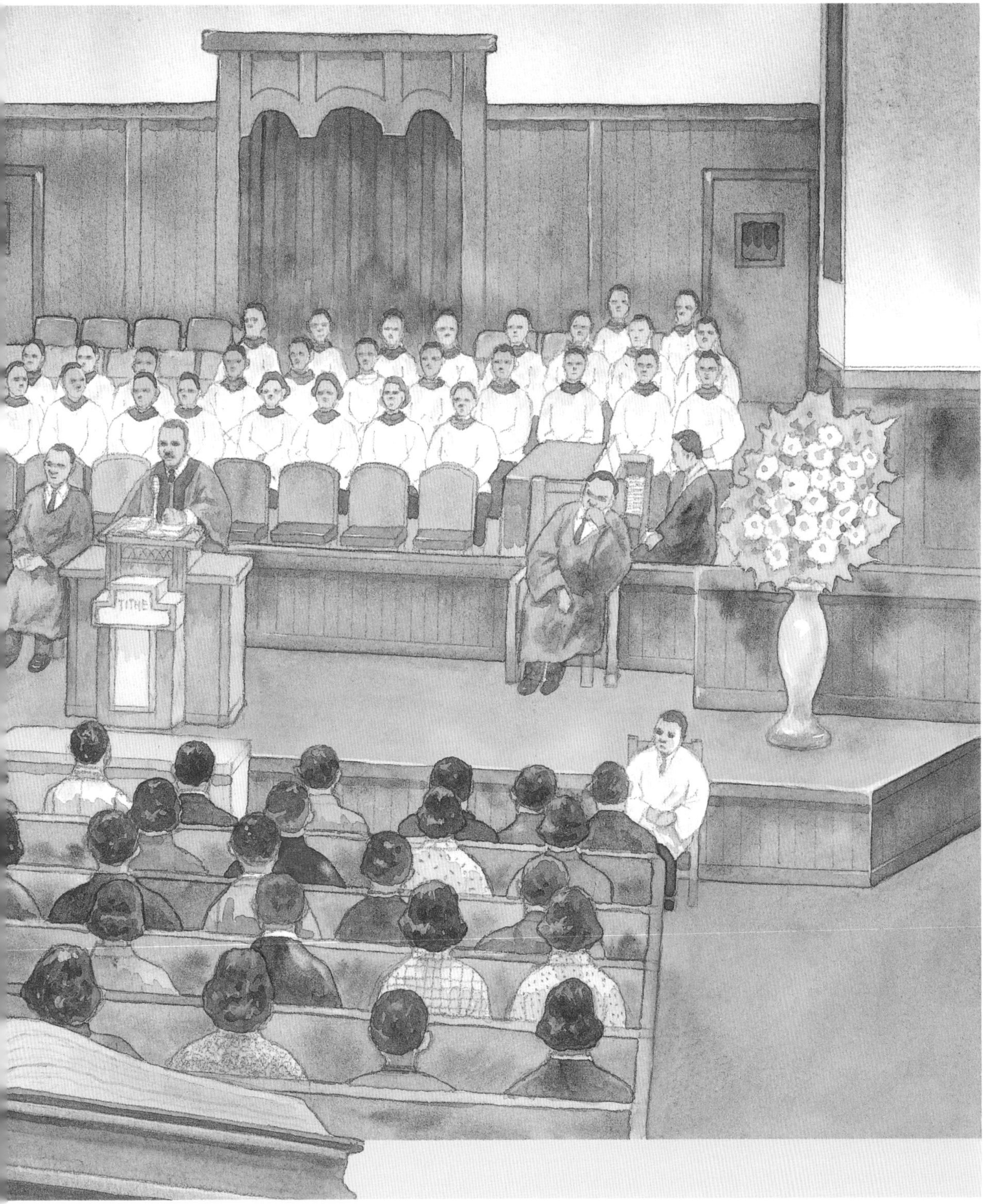
TITHE

TITHE

말했습니다.

“우리 교회에서 목사님으로 모시면 맡아 주시겠습니까?”

마틴은 좀 생각해 보겠다고 말했습니다. 아이들을 흑백 차별이 심한 남부 지역 교회에서 길러야 한다는 것은 많은 용기를 필요로 했기 때문입니다.

마틴이 고민하는 것을 본 코레타는 주님께서 인도하는 곳으로 선택하자고 했습니다.

며칠 후 애브뉴 침례교회에서 목사로 와 달라는 전화가 왔습니다. 마틴은 수락을 하였습니다.

버스 보이콧 운동

1954년 5월 애브뉴 침례교회에서 첫 설교를 하였습니다.

하루하루가 눈코 뜰 새 없이 빠르게 지나갔습니다. 마틴은 남부의 여러 사회 문제에 참여했습니다. 교회 신도들에게 선거권을 가질 수 있도록 하였고, 교회 안에는 사회를 바르게 하기 위한 모임을 만들었습니다.

마틴은 인간 평등을 위해 앨라배마 주의 흑인과 백인이 함께 만드는 바른 사회 운동에도 관심을 기울였습니다. 사람들 중에는 마틴이 왜 백인이 있는 단체에 가입을 했는지 궁금해

했습니다. 그럴 때마다 마틴은 이렇게 말했습니다.

"흑인과 백인의 차별 문제를 해결하기 위해서는 흑인들의 노력도 필요하지만 백인들도 함께 하지 않으면 안 되기 때문입니다. 나는 대학 때 모임에서 만났던 일부 백인들에게서 희망을 보았습니다. 백인 중에는 우리와 같은 생각을 하는 사람들도 있습니다."

어느 날 저녁, 단체의 한 사람인 닉슨으로부터 전화가 왔습니다. 닉슨은 지부장으로 일하고 있었습니다.

"닉슨, 무슨 일인가? "

"로사 파크스 부인이 체포되었어. 우리는 이제 참을 만큼 참았어. 더는 이런 굴욕적인 대우를 받을 수 없어."

닉슨은 몹시 화가 나 있었습니다.

1955년 12월 1일, 로사 파크스 부인이 버스에서 백인 남성에게 자리를 양보하지 않았다는 이유로 체포되었던 것입니다.

마틴과 닉슨, 랄프 애버니시를 비롯한 많은 사람들이 모여

회의를 하였습니다.

“월요일부터 ‘버스 타지 않기’ 운동을 시작하지요.”

“맞아요. 우리의 권리를 찾아야 해요.”

몽고메리의 버스는 흑인 차별이 아주 심했습니다. 차를 탈 때 앞에서 차비를 낸 후 뒷문으로 가서 버스를 타야 하기도

했습니다. 그러는 동안 버스가 출발해 버리는 경우도 있었습니다.

7,000장의 인쇄물이 흑인 사회에 뿌려졌습니다. 그리고 다음날 버스는 텅 빈 채 도로 위를 달렸습니다. 하지만 로사 파크스 부인은 12달러의 벌금형을 받았습니다.

마틴을 비롯한 목회자들은 '몽고메리 진보 연합'을 만들었습니다. 마틴은 진보 연합의 의장이 되었습니다. 의장이 된다는 것은 책임감도 필요하지만 위험도 감수해야 하는 무거운 자리였습니다.

몽고메리 진보 연합 소식이 전해지자 흑인 택시 회사에서 가운 소식이 날아왔습니다.

"우리도 돕겠습니다. 버스 요금인 10센트만 받고 사람들을 태우겠습니다."

"정말입니까? 고맙습니다. 큰 힘이 됩니다."

학교나 일터로 가는 사람들 모두 '버스 타지 않기' 운동에 동참했습니다. 하지만 언제까지 걸어서 다닐 수는 없었습니다.

"10센트만 받고 택시를 타는 것은 법을 어기는 일입니다. 또 언제까지 걸어 다닐 수는 없습니다. 카풀(같은 방향으로 가는 사람들끼리 차를 태워 주는 것) 제도를 실시하면 어떻겠습니까?"

"오, 좋은 생각이네요! 당장 그렇게 합시다."

진보 연합의 활동은 바빠지기 시작했습니다. 45군데의 차

량 대기소와 42군데 합승 정거장을 만들었습니다.

그러는 중에 택시 회사에 압력이 들어왔습니다. 더 이상 10센트의 금액으로 사람들을 태우면 처벌을 받게 하겠다는 것이었습니다.

'버스 타지 않기' 운동을 하던 중 한 할머니가 힘들게 걷고 있는 것이 보였습니다.

"할머니, 차를 타세요. 그렇게 힘들게 가실 필요 없어요."

"걱정 말고 가시게. 나도 내 자식과 손자들을 위해 내가 할 수 있는 버스 보이콧(상품 불매 운동. 버스 보이콧은 '버스 타지 않기' 운동을 일컬음) 운동을 하고 있는 거라네."

할머니는 몹시 힘들어 보였습니다. 마틴은 그 모습에서 밝은 미래를 보았습니다.

'버스 타지 않기' 운동이 길어지자 시 당국에서 협상을 제한하였습니다. 그러나 두 차례에 걸친 협상은 모두 실패로 끝났습니다. 시 당국은 사소한 교통 법규만 위반해도 흑인들을 잡아들이기 시작했습니다.

어느 날 새벽 전화벨이 요란하게 울렸습니다. 마틴은 전화를 받았습니다.

"여보세요? 마틴입니다."

"검둥아, 내 말 잘 들어. 너 때문에 우린 모든 것을 잃었어. 너는 곧 이 몽고메리에 온 것을 후회하게 될 거야!"

전화기 너머의 남자는 몹시 흥분된 목소리로 소리를 질렀습니다. 마틴은 온몸에 공포가 밀려왔습니다. 이런 전화는 처음이 아니었습니다. 아내와 잠든 딸의 얼굴을 본 순간 더욱더 두려움이 밀려왔습니다.

교회에서 월요 예배를 드리고 있을 때였습니다.

"목사님, 집이 폭파당했다고 합니다!"

마틴은 예배를 마치고 서둘러 집으로 향했습니다. 집 앞에는 기자들과 많은 사람들이 모여 있었습니다. 경찰은 화가 난 사람들을 막아서고 있었습니다. 비폭력 운동이 폭력 운동으로 바뀔 위기에 놓여 있었습니다.

"여러분, 우리는 법과 질서를 지켜야 합니다. 우리는 폭력을 원하지 않습니다. 사랑으로 그들이 깨닫도록 해야 합니다. 버스 보이콧 운동은 제가 하는 것이 아니라 우리와 우리 안의 주님이 함께 하시는 일입니다."

버스 보이콧 운동은 1년이 넘도록 계속되었습니다. 마침내 시에서 법원에 소송을 걸었습니다. 마틴도 미연방 최고 법원

27
27

링컨 기념관 | 마틴 루서 킹 목사가 「나에게는 꿈이 있습니다」라는 명연설을 했던 곳입니다.

에 흑백 분리 제도는 옳지 않다는 소송을 냈습니다.

마침내 1956년 12월 20일, 앨라배마 주 버스에서 흑인과 백인의 차별을 금지한다는 정식 명령이 내려졌습니다.

금요일 아침 마틴은 인종 차별이 없는 첫 번째 버스에 올라탔습니다. 그때 버스 기사가 말했습니다.

"킹 목사님, 오늘 아침 당신을 태우게 되어 무척 기쁩니다."

올버니의 평화 시위

마틴은 평등 문제를 남부 전역으로 확대하기 위해 몽고메리에서 애틀랜타로 옮겨갔습니다.

그때 리치 백화점에서 흑인 학생들이 인종 차별에 항의하여 백인 전용 식당에서 연좌 농성을 하고 있었습니다.

학생들은 마틴에게 도움을 청했습니다. 마틴은 학생들과 함께 연좌 농성에 가담하였습니다. 그러다 백인 상인들의 고소로 감옥에 가게 되었습니다.

마틴을 지지하는 많은 사람들이 시 당국에 항의했습니다.

결국 마틴은 감옥에서 풀려나게 되었습니다.

하지만 마틴은 다시 수감되었습니다. 수감 이유는 집행 유예 기간에 법을 어겼다는 것이었습니다. 법을 어긴 이유는 어이없게도 몽고메리에서 사용하던 면허증을 애틀랜타 발행으로 변경하지 않았다는 이유였습니다.

마틴은 두 발이 쇠사슬에 묶인 채 독방에 갇혔습니다.

둘째 아이를 임신한 코레타는 밤낮으로 마틴을 걱정하였습니다. 그때 코레타에게 케네디 상원 의원으로부터 전화가 왔습니다.

"걱정하지 마십시오, 부인. 제가 킹 목사님을 나오게 하겠습니다."

케네디 의원의 도움으로 마틴은 감옥에서 나올 수 있었습니다. 그해 케네디는 대통령에 당선되었습니다.

1961년 12월 올버니에서 비폭력 투쟁 운동이 시작되었습니다. 마틴은 올버니의 흑인들과 함께 거리 행진을 시작했습니다. 그리고 다시 감옥에 갇혔습니다. 감옥에는 흑백 차별 제도를 없애야 한다고 생각하는 여러 분야의 전문가와 주부, 학생 등 다양한 사람들이 갇혀 있었습니다. 그들은 감옥 안에서도 당당했습니다.

결국 시 당국은 700명의 흑인들을 모두 풀어 주었습니다.

감옥에서 나온 마틴은 다시 사람들과 함께 흑백 차별을 없애자는 평화 시위를 시작하였습니다. 올버니 경찰관들은 평화 시위대를 향해 폭력을 행사하였습니다. 남자는 물론 임신한 여자에게까지 발길질을 하였습니다. 화가 난 사람들은 경

찰관을 향해 병과 돌을 던지기 시작했습니다. 비폭력의 원칙이 깨진 것이었습니다.

마틴은 참회의 날을 선포하였습니다.

"아무리 억울한 일을 당한다 하여도 절대 폭력을 사용해서는 안 됩니다."

그 후 흑인들은 어떠한 경우에도 폭력을 사용하지 않았습니다. 그러자 온 국민의 관심이 마틴과 올버니의 흑인들에게 쏠렸습니다. 결국 경찰도 비폭력 전술을 선택하였습니다.

몇몇 흑인들은 자유를 찾기 위한 행동이 법을 어긴 것이라면 감옥에 가겠다며 스스로 감옥으로 향하기도 했습니다. 흑인들 거의 대부분이 버스와 상점을 상대로 불매 운동(정당한 요구가 받아들여질 때까지 물건을 사지 않겠다는 운동)을 하였습니다. 이에 기업들은 올버니에 투자하려 들지 않았습니다.

공원과 도서관 등에서도 평등을 위한 시위가 일어났습니다. 그러자 시 정부는 그곳들 모두 문을 닫으라고 명령하였습니다. 이제 올버니는 흑인들뿐만 아니라 백인들도 살기 어려운

지역이 되었습니다.

시 정부는 협상을 제안하였습니다. 올버니의 흑인들은 시 정부와 협상을 통하여 문제를 해결하기로 하였습니다.

버밍햄 운동의 승리

올버니보다 흑백 차별이 더 심한 곳이 있었습니다. 바로 버밍햄이었습니다.

1962년 5월 채터누 가에서 버밍햄 운동을 위한 모임을 만들었습니다.

"버밍햄에서의 승리는 흑백 차별 자체를 무너뜨릴 수 있을 것입니다."

마틴은 버밍햄에서 정의와 도덕을 세우기 위해 투쟁에 나섰습니다. 마틴이 버밍햄으로 떠나는 날 코레타는 네 번째 아이를 낳았습니다.

버밍햄에서는 대중 집회가 시작되었습니다. 날마다 수많은 흑인들이 감옥에 잡혀갔습니다. 마틴은 고등학생과 대학생들을 참여시키기로 했습니다.

청년들의 순수한 열정은 버밍햄 운동의 승리를 예감하게 하였습니다.

"승리의 그날까지!"

학생들은 목소리를 높이 외치며 앞으로 나갔습니다. 그중에는 어린 초등학생들도 있었습니다. 마틴은 초등학생들에게 위험하니 돌아가라고 타일렀습니다. 그러나 초등학생들은 돌아가지 않았습니다.

"우리도 투쟁하게 해 주세요. 백인 아이가 아니면 도서관에도 갈 수 없어요."

버밍햄 교도소는 흑인들로 가득 차서 더 이상 가둘 곳이 없었습니다. 미국 곳곳에서 버밍햄 시 당국의 무능함을 비난했습니다.

B.F.D

경찰들은 어른 아이 할 것 없이 폭력을 휘둘렀습니다. 어린이라고 봐 주는 일은 없었습니다. 주먹에 맞고 발에 차이고 물세례를 받으면서도 행진은 계속 되었습니다. 그 모습이 TV와 신문을 통해 세계 곳곳으로 나갔습니다.

흑인들의 요구를 검토하기 위해 시민 위원회가 소집되었습니다. 위원회 대표들은 거리와 상가가 온통 흑인으로 가득한 것을 보았습니다. 그러나 어느 곳에서도 폭력을 휘두르지 않았습니다.

위원회는 몇날 며칠 동안 회의를 한 뒤 흑백 차별, 고용 차별로 수감된 사람들을 전원 석방하기로 했습니다. 그리고 앞으로 흑인과 백인이 모여 대화를 나눌 자리를 마련하겠다고 했습니다.

거리에 모여 있던 사람들은 얼싸안고 눈물을 흘렸습니다. 응어리졌던 아픔이 한꺼번에 녹아내렸습니다.

노벨 평화상을 받다

버밍햄의 한 교회에 KKK단이 나타났습니다. KKK단은 흑인들을 괴롭히는 백인 집단이었습니다. KKK단은 교회에 다이너마이트를 설치했고, 그 때문에 4명의 소녀들이 목숨을 잃었습니다.

"죽음은 끝이 아닙니다. 소녀들은 하느님의 품에서 쉬고 있을 것입니다. 우리는 믿음과 불굴의 정신으로 이 어려운 시기를 이겨 내야 합니다."

KKK단의 보복은 그 뒤로도 이어졌습니다. 그러나 날아드는 곤봉을 맞고 폭력을 당하면서도 비폭력 행진은 계속 되었습니다.

마틴이 서른다섯 살이 되던 어느 날이었습니다. 뜻밖에 걸려온 한 통의 전화에 마틴은 깜짝 놀랐습니다.

"당신이 올해의 노벨 평화상 수상자로 결정되었습니다."

흑백 차별을 없애기 위해 비폭력 운동을 이끈 공로가 인정되어 노벨 평화상 수상자로 선정된 것입니다.

1964년 12월 10일, 노르웨이 오슬로에서 시상식이 거행되었습니다. 마틴은 수상 소감을 말했습니다.

"평화와 인류를 사랑하는 모든 사람들을 대신하여 이 상을 받겠습니다."

마틴은 노벨 평화상으로 받은 상금을 모두 비폭력 운동 발전에 사용하였습니다.

1966년 마틴은 흑백 차별이 없는 평등 교육을 위해 시카고의 론데일로 향했습니다. 시카고의 론데일은 빈민가였습니다. 마틴은 론데일의 허름한 아파트로 이사를 했습니다. 론데

일의 아이들은 위생 상태도 좋지 않았으며 의료 혜택도 전혀 받지 못하고 있었습니다. 집값은 터무니없이 비쌌고 직업은 구하기 힘들었습니다.

론데일에 이사를 오고 얼마 후 마틴의 아이들도 변하기 시작했습니다. 금방 짜증을 내고 툭하면 싸웠습니다.

도시는 우울과 절망감으로 가득 차 있었습니다.

마틴은 대중 집회를 가졌습니다.

“집어 치워! 꺼지란 말이야!”

빈민가의 거친 사람들이 집회를 방해했습니다. 수없이 많은 연설을 하였지만 이런 일은 처음이었습니다. 마틴은 깊은 좌절을 맛보았습니다.

“여보, 이들의 고통과 함께하겠다고 여기까지 왔어요. 무엇이 이들을 이렇게 힘들게 하는지 함께 고민해 봐요.”

마틴은 어려울 때마다 힘이 되어 주는 아내가 정말로 고마웠습니다.

흑인과 백인의 보이지 않은 인권 차별은 폭동을 불러왔고

폭력은 더 큰 폭력을 불러와 온통 아수라장이었습니다. 그러나 마틴은 비폭력의 원칙을 버리지 않았습니다.

마틴은 끊임없이 폭력을 사용해서는 안 된다고 강조했습니다. 차츰 사람들은 마틴의 말에 귀를 기울이기 시작했습니다. 병과 벽돌, 주먹이 날아들어도 묵묵히 시위를 하기 시작했습

워싱턴 평화 대행진 재현 | 흑인 인권 단체인 내셔널액션네트워크(NAN)를 비롯한 미국의 주요 사회 · 경제 · 종교 단체가 1963년 8월 28일에 있었던 '워싱턴 평화 대행진'을 재현하는 모습입니다.

니다. 사람들이 마틴의 비폭력 운동을 마음속에서부터 받아들이기 시작한 것입니다.

마침내 론데일 시장이 협상을 제의했습니다. 그리고 협상 결과 주택 판매와 임대를 비롯하여 보이지 않는 흑인 차별을 모두 없애겠다고 약속하였습니다. 시카고 비폭력 운동은 협상을 통해 커다란 승리를 거두었습니다.

쓰러진 비폭력 운동가

"제가 군대에 갈 나이라면 저는 베트남 전쟁터가 아닌 감옥을 선택하겠습니다. 청년들이여, 전쟁의 부당함을 생각한다면 전쟁터에 나가 사람을 죽이는 것보다 감옥에 가는 것이 낫습니다."

당시 미국은 남베트남 편에 서서 베트남 전쟁에 참여하고 있었습니다. 마틴은 베트남 전쟁을 중단해야 한다고 말했습니다. 그러자 주위 사람들의 시선이 어두워졌습니다. 흑백 차별 문제나 신경 쓰지 전쟁 문제에는 왜 끼어드냐는 식이었습니다.

동료들도, 세상의 눈길도 마틴을 외면하기 시작했습니다. 마틴은 외톨이가 되었습니다. 하지만 미국이 베트남에서 저지르는 파괴와 살육을 모른 척하는 것은 비겁한 행동이라고 생각하였습니다.

1968년 초 마틴은 멤피스로 떠나게 되었습니다. 1,300여 명의 흑인 청소원들이 파업을 하고 있었습니다. 청소원들은 더 이상 시 당국의 부당한 대우를 받을 수 없다고 목소리 높여 외쳤습니다.

파업하는 청소원들 앞에서 마틴은 연설을 하였습니다.

"인생은 깨진 꿈 조각들로 이루어졌는지도 모릅니다. 마하트마 간디가 그러했고, 사도 바울도 그러했습니다. 우리는 꿈이 이루어지는 것을 볼 수 없을지도 모릅니다. 하지만 꿈을 현실로 만드는 삶은 훌륭합니다."

호텔로 돌아온 마틴은 카일즈 목사와 약속한 저녁 식사에 가려고 준비를 했습니다. 그러다 쓸쓸한 기분이 들어 우울한

REV
LUTHER KING
1968
FREE AT LAST.

마음을 달래기 위해 호텔 난간에 기대어 커피를 마셨습니다. 밤에는 청소원들의 야간 집회가 남아 있었습니다.

그때였습니다. 갑자기 한 발의 총성이 울렸습니다. 호텔 난간에 서 있던 마틴이 쓰러졌습니다. 제임스 얼 레이라는 사람이 마틴을 향해 총을 쏜 것이었습니다.

곧 구급차가 도착했고, 마틴은 병원으로 옮겨졌습니다. 하지만 오후 7시 마틴은 병원 응급실에서 숨을 거두고 말았습니다.

마틴 루서 킹은 많은 사람들에게 자유와 평등, 그리고 정의를 지키기 위해서는 스스로 노력하지 않으면 안 된다는 커다란 교훈을 남기고 떠나갔습니다.

마틴의 묘비에는 이런 글귀가 쓰여 있습니다.

자유, 자유! 마침내 자유! 나를 자유롭게 한 신에게 찬미!

마틴 루서 킹의 삶

연대	발자취
1929년(0세)	조지아 주 애틀랜타에서 탄생하다.
1944년(15세)	부커 워싱턴 고교를 졸업하다. 모어하우스 대학에 입학하다.
1946년(17세)	에버니저 침례교회에서 처음으로 설교를 하다.
1948년(19세)	모어하우스 대학을 졸업하다. 펜실베이니아 주 크로저 신학교에 입학하다.
1951년(22세)	크로저 신학교를 졸업하고 보스턴 대학에 입학하다. 코레타 스콧과 결혼하다.
1954년(25세)	앨라배마 주 몽고메리로 이사하다. 애브뉴 침례교회 목사로 부임하다.
1955년(26세)	보스턴 대학에서 신학 박사 학위를 받다. 첫째 딸 욜란다 탄생하다. 시내 버스 회사의 흑인 차별에 맞서 '몽고메리 진보 연합'을 조직하고 버스 보이콧을 이끌다.
1957년(28세)	남부 그리스도교 지도자 협의회 의장으로 선출되다.
1958년(29세)	남부의 흑인 백만여 명 투표권을 얻다.
1959년(30세)	인도를 방문하다.
1960년(31세)	애틀랜타로 이주하다. 그린즈버러에서 흑인 대학생들이 백인 전용 식당에서 연좌 농성을 벌이다. 학생 비폭력 조정 위원회(SNCC)의 설립을 돕다.
1961년(32세)	학생 비폭력 조정 위원회, 장거리 버스의 흑인 차별 관행에 도전하다. 몽고메리에 주 방위군을 파견하다.
1963년(34세)	버밍햄 기독교 인권 운동을 전개하다. 링컨 기념관 앞에서 「나에게는 꿈이 있습니다」 연설을 하다.
1964년(35세)	시민권 법령 조인식에 참여하다. 노벨 평화상을 수상하다.
1965년(36세)	앨라배마 주 셀마 시에서 투표권 쟁취를 위한 시위를 한 후 투옥되다.
1966년(37세)	도시 빈민 개혁 운동을 위해 시카고 론데일 빈민가로 이주하다.
1967년(38세)	베트남 전쟁 반대 운동을 하다. 빈민 탈출 운동을 시작하다.
1968년(39세)	멤피스 로레인 호텔에서 암살당하다.

읽으며 생각하며!

1. 마틴 루서 킹이 워싱턴 행진에서 한「나에게는 꿈이 있습니다」라는 연설문에서 마틴 루서 킹이 진정으로 원한 것은 무엇이었습니까?

2. 마틴 루서 킹은 어린 시절 백인들로부터 많은 차별을 받았습니다. 마틴 루서 킹이 받은 차별을 세 가지만 써 보세요.

3. 몽고메리 운동이 일어나게 된 동기는 무엇이었습니까?

4. 마틴 루서 킹은 간디의 어떤 사상이, 왜 마음에 들었습니까?

간디 사상의 핵심은 사랑의 힘이었습니다. 간디는 소금에 대한 불공평한 세금을 내지 않기 위해 바닷가로 향하는 '소금 행진 운동'을 하였습니다. 이것은 비폭력 무저항 운동으로 오랫동안 마틴의 마음속에 남았습니다.

5. 마틴 루서 킹은 어떠한 일이 있어도 폭력을 사용해서는 안 된다고 강조하였습니다. 그러나 올버니 경찰관들의 무자비한 폭력 앞에서 평화 시위대는 폭력을 행사하고 말았습니다. 비폭력 원칙이 깨졌을 때 마틴 루서 킹의 마음은 어떠했을지 써 보세요.

마틴은 다시 사람들과 함께 평화 시위를 시작하였습니다. 올버니 경찰관들은 평화 시위대를 향해 폭력을 행사하기 시작하였습니다. 남자는 물론 임신한 여자에게까지 발길질을 하였습니다. 화가 난 사람들은 경찰관을 향해 병과 돌을 던지기 시작했습니다. 비폭력의 원칙이 깨진 것입니다.

마틴은 참회의 날을 선포하였습니다.

"아무리 억울한 일을 당한다 하여도 절대 폭력을 사용해서는 안 됩니다."

6. 마틴 루서 킹은 35세에 노벨 평화상을 받았습니다. 노벨 평화상을 받은 마틴 루서 킹의 마음을 써 보세요.

마틴이 35세가 되던 어느 날 전화가 왔습니다.

"당신이 올 해의 노벨 평화상 수상자로 결정되었습니다."

마틴은 뜻밖의 전화에 깜짝 놀랐습니다.

12월 10일 노르웨이 오슬로에서 시상식이 거행되었습니다. 마틴은 수상 소감을 말했습니다.

"평화와 인류를 사랑하는 모든 사람들을 대신하여 이 상을 받겠습니다."

마틴은 노벨 평화상으로 받은 상금을 모두 비폭력 운동 발전에 사용하였습니다.

풀이

1. 평등

2. ① 초등학교에 입학 하고 나서 흑인과 백인은 함께 놀 수 없다는 것.
   ② 신발 가게에서 흑인과 백인이 앉는 자리가 다르다는 것.
   ③ 버스에서 백인에게 자리를 양보해야 하는 것.

3. 예시 : 로사 파크스 부인이 버스에서 백인 남성에게 자리를 양보하지 않아 체포된 사건이 일어나서.

4. 예시 : 아버지의 말씀대로 간디는 사랑의 힘으로 싸웠기 때문입니다. 자신의 요구를 이루기 위해 폭력을 사용하지 않고 오로지 비폭력 무저항으로 목적을 달성했기 때문에 마틴의 마음속에 깊게 남았습니다.

5. 예시 : 폭력은 또 다른 폭력을 낳을 것이고 그러면 관계가 더 나빠지기 때문에 바른 해결책이라고 생각하지 않았습니다.

6. 예시 : 인류를 사랑하는 모든 사람들이 평등한 삶 속에서 평화를 누리며 살 수 있도록 그들을 대표하여 활동을 하였고 그들을 대표하여 상을 받았습니다. 이 상금은 비폭력 운동 발전에 사용하여 그늘진 곳에까지 평등과 평화의 햇살이 비치도록 하겠습니다.

역사 속에 숨은 위인을 만나 보세요!

- 광개토 태왕 (374~412)
- 을지문덕 (?~?)
- 연개 소문 (?~666)
- 김유신 (595~673)
- 대조영 (?~719)
- 장보고 (?~846)
- 왕건 (877~943)
- 강감찬 (948~1031)
- 최무선 (1328~1395)
- 황희 (1363~1452)
- 세종 대왕 (1397~1450)
- 장영실 (?~?)
- 신사임당 (1504~1551)
- 이이 (1536~1584)
- 허준 (1539~1615)
- 유성룡 (1542~1607)
- 한석봉 (1543~160
- 이순신 (1545~159
- 오성과 한음 (오성 1556~1618 / 한음 1561~1613)

- 고조선 건국 (B.C. 2333)
- 철기 문화 보급 (B.C. 300년경)
- 고조선 멸망 (B.C. 108)
- 고구려 불교 전래 (372)
- 신라 불교 공인 (527)
- 고구려 살수 대첩 (612)
- 신라 삼국 통일 (676)
- 대조영 발해 건국 (698)
- 장보고 청해진 설치 (828)
- 견훤 후백제 건국 (900)
- 궁예 후고구려 건국 (901)
- 왕건 고려 건국 (918)
- 귀주 대첩 (1019)
- 윤관 여진 정벌 (1107)
- 고려 강화로 도읍 옮김 (1232)
- 개경 환도, 삼별초 대몽 항쟁 (1270)
- 문익점 원에서 목화씨 가져옴 (1363)
- 최무선 화약 만듦 (1377)
- 조선 건국 (1392)
- 훈민 정음 창제 (1443)
- 임진 왜란 (1592~1598)
- 한산도 대첩 (1592)
- 허준 동의보 완성 (1610)
- 병자 호란 (1636)
- 상평 통보 전국 유통 (1678)

B.C. 선사 시대 및 연맹 왕국 시대 | A.D. 삼국 시대 | 698 남북국 시대 | 918 고려 시대 | 1392

2000 500 400 300 100 0 300 500 600 800 900 1000 1100 1200 1300 1400 1500 1600

B.C. 고대 사회 | A.D. 375 중세 사회 | 1400

- 중국 황하 문명 시작 (B.C. 2500년경)
- 인도 석가모니 탄생 (B.C. 563년경)
- 알렉산더 대왕 동방 원정 (B.C. 334)
- 크리스트교 공인 (313)
- 게르만 민족 대이동 시작 (375)
- 로마 제국 동서로 분열 (395)
- 수나라 중국 통일 (589)
- 이슬람교 창시 (610)
- 수 멸망 당나라 건국 (618)
- 러시아 건국 (862)
- 거란 건국 (918)
- 송 태종 중국 통일 (979)
- 제1차 십자군 원정 (1096)
- 테무친 몽골 통일 칭기즈 칸이 됨 (1206)
- 원 제국 성립 (1271)
- 원 멸망 명 건국 (1368)
- 잔 다르크 영국군 격파 (1429)
- 구텐베르크 금속 활자 발명 (1450)
- 코페르니쿠스 지동설 주장 (1543)
- 도요토미 히데요시 일본 통일 (1590)
- 독일 30년 전쟁 (1618)
- 영국 청교도 혁명 (1642~164
- 뉴턴 만유 인력의 법칙 발견 (1665)

- 석가모니 (B.C. 563?~B.C. 483?)
- 예수 (B.C. 4?~A.D. 30)
- 칭기즈 칸 (1162~1227)

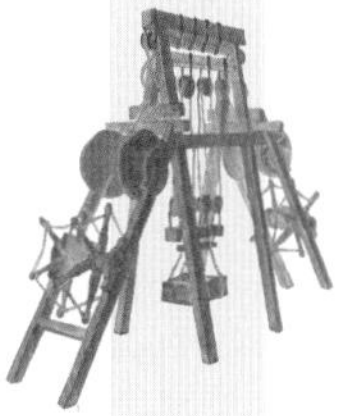

조선 시대 | 1876 개화기 | 1897 대한 제국 | 1910 일제 강점기 | 1948 대한민국

1700	정약용 (1762~1836) 김정호 (?~?)	이승훈 천주교 전도 (1784)	미국 독립 선언 (1776) 프랑스 대혁명 (1789)	워싱턴 (1732~1799) 페스탈로치 (1746~1827) 모차르트 (1756~1791) 나폴레옹 (1769~1821)
1800			청·영국 아편 전쟁 (1840~1842)	링컨 (1809~1865) 나이팅게일 (1820~1910) 파브르 (1823~1915) 노벨 (1833~1896) 에디슨 (1847~1931)
1850				가우디 (1852~1926)
1860		최제우 동학 창시 (1860) 김정호 대동여지도 제작 (1861)	미국 남북 전쟁 (1861~1865)	라이트 형제 (형, 윌버 1867~1912 / 동생, 오빌 1871~1948) 마리 퀴리 (1867~1934) 간디 (1869~1948)
1870	주시경 (1876~1914) 김구 (1876~1949) 안창호 (1878~1938) 안중근 (1879~1910)	강화도 조약 체결 (1876) 지석영 종두법 전래 (1879)	베를린 회의 (1878)	아문센 (1872~1928) 슈바이처 (1875~1965) 아인슈타인 (1879~1955)
1880		갑신정변 (1884)	청·프랑스 전쟁 (1884~1885)	헬렌 켈러 (1880~1968)
1890	우장춘 (1898~1959) 방정환 (1899~1931)	동학 농민 운동, 갑오개혁 (1894) 대한제국 성립 (1897)	청·일 전쟁 (1894~1895) 헤이그 평화 회의 (1899)	
1900	유관순 (1902~1920) 윤봉길 (1908~1932)	을사조약 (1905) 헤이그 특사 파견, 고종 퇴위 (1907)	영·일 동맹 (1902) 러·일 전쟁 (1904~1905)	
1910	이중섭 (1916~1956)	한일 강제 합방 (1910) 3·1 운동 (1919)	제1차 세계 대전 (1914~1918) 러시아 혁명 (1917)	테레사 (1910~1997) 만델라 (1918~2013)
1920		어린이날 제정 (1922)	세계 경제 대공황 시작 (1929)	마틴 루서 킹 (1929~1968)
1930	백남준 (1932~2006)	윤봉길·이봉창 의거 (1932)	제2차 세계 대전 (1939~1945)	
1940		8·15 광복 (1945) 대한민국 정부 수립 (1948)	태평양 전쟁 (1941~1945) 국제 연합 성립 (1945)	스티븐 호킹 (1942~2018)
1950	이태석 (1962~2010)	6·25 전쟁 (1950~1953)	소련 세계 최초 인공위성 발사 (1957)	오프라 윈프리 (1954~) 스티브 잡스 (1955~2011) 빌 게이츠 (1955~)
1970		10·26 사태 (1979)	제4차 중동 전쟁 (1973) 소련 아프가니스탄 침공 (1979)	
1980		6·29 민주화 선언 (1987) 서울 올림픽 개최 (1988)	미국 우주 왕복선 콜럼비아호 발사 (1981)	
1990		북한 김일성 사망 (1994)	독일 통일 (1990) 유럽 11개국 단일 통화 유로화 채택 (1998)	
2000		의약분업 실시 (2000)	미국 9·11 테러 (2001)	

근대 사회 | 1900 현대 사회

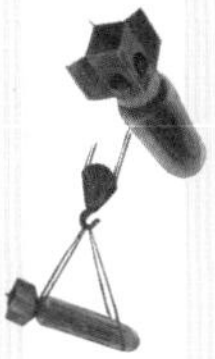

2024년 5월 25일 1판 6쇄 **펴냄**
2014년 2월 25일 1판 1쇄 **펴냄**

펴낸곳 (주)효리원
펴낸이 윤종근
글쓴이 이창건 · **그린이** 윤만기
사진 제공 연합포토
등록 1990년 12월 20일 · **번호** 2-1108
우편 번호 03147
주소 서울시 종로구 삼일대로 457, 406호
전화 02)3675-5222 · **팩스** 02)765-5222

ISBN 978-89-281-0348-5 64990

이메일 hyoreewon@hyoreewon.com
홈페이지 www.hyoreewon.com